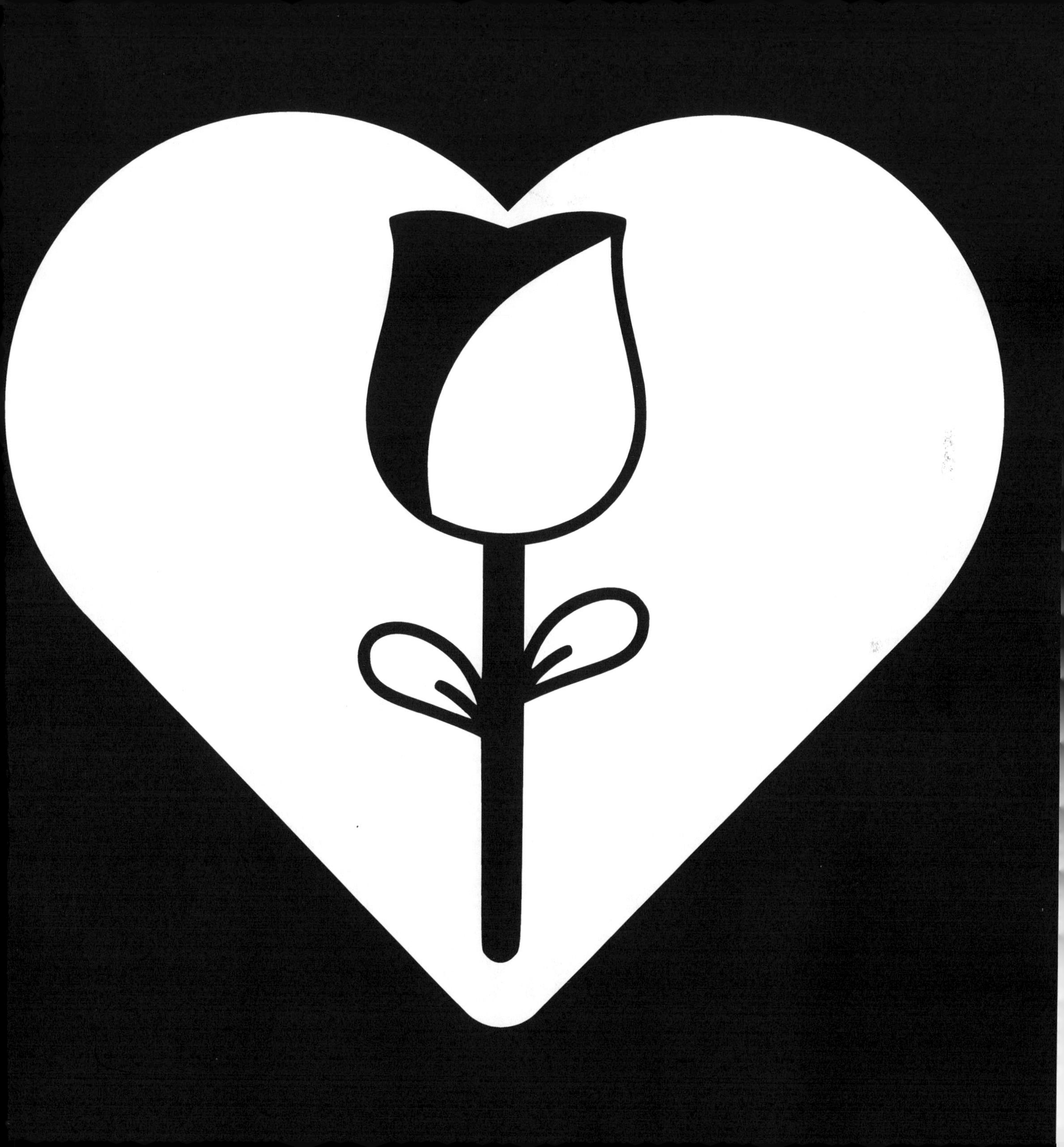

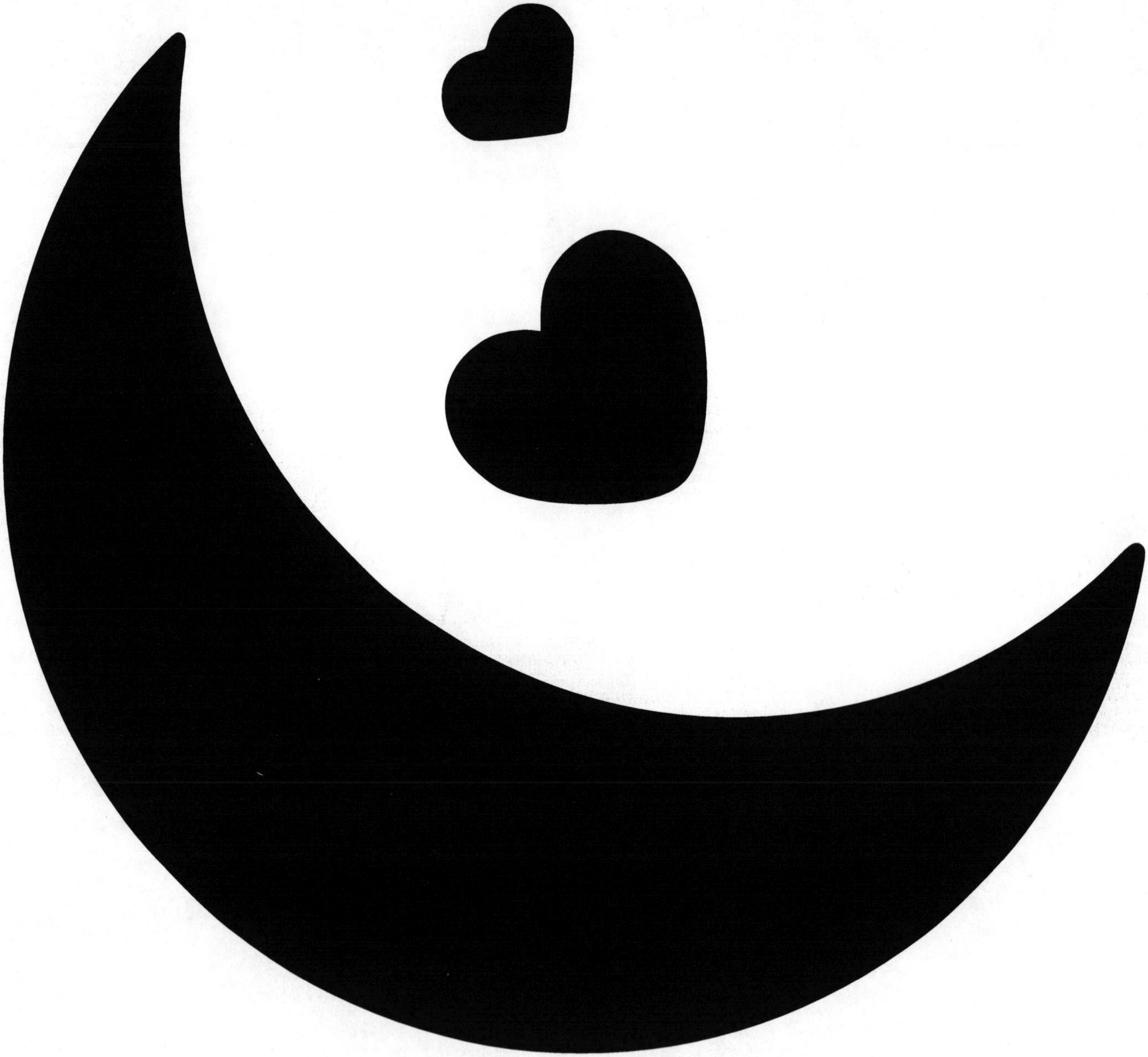

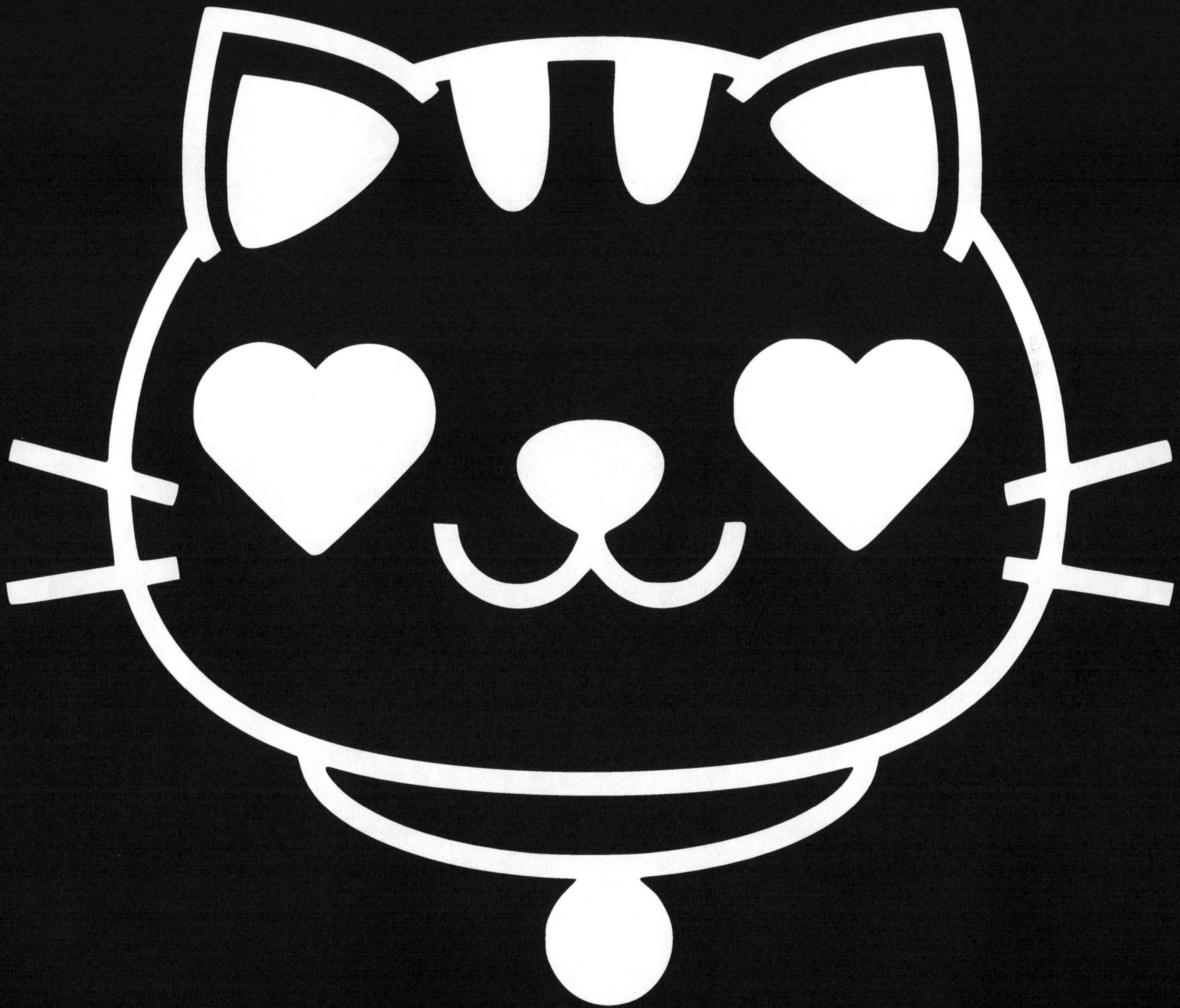

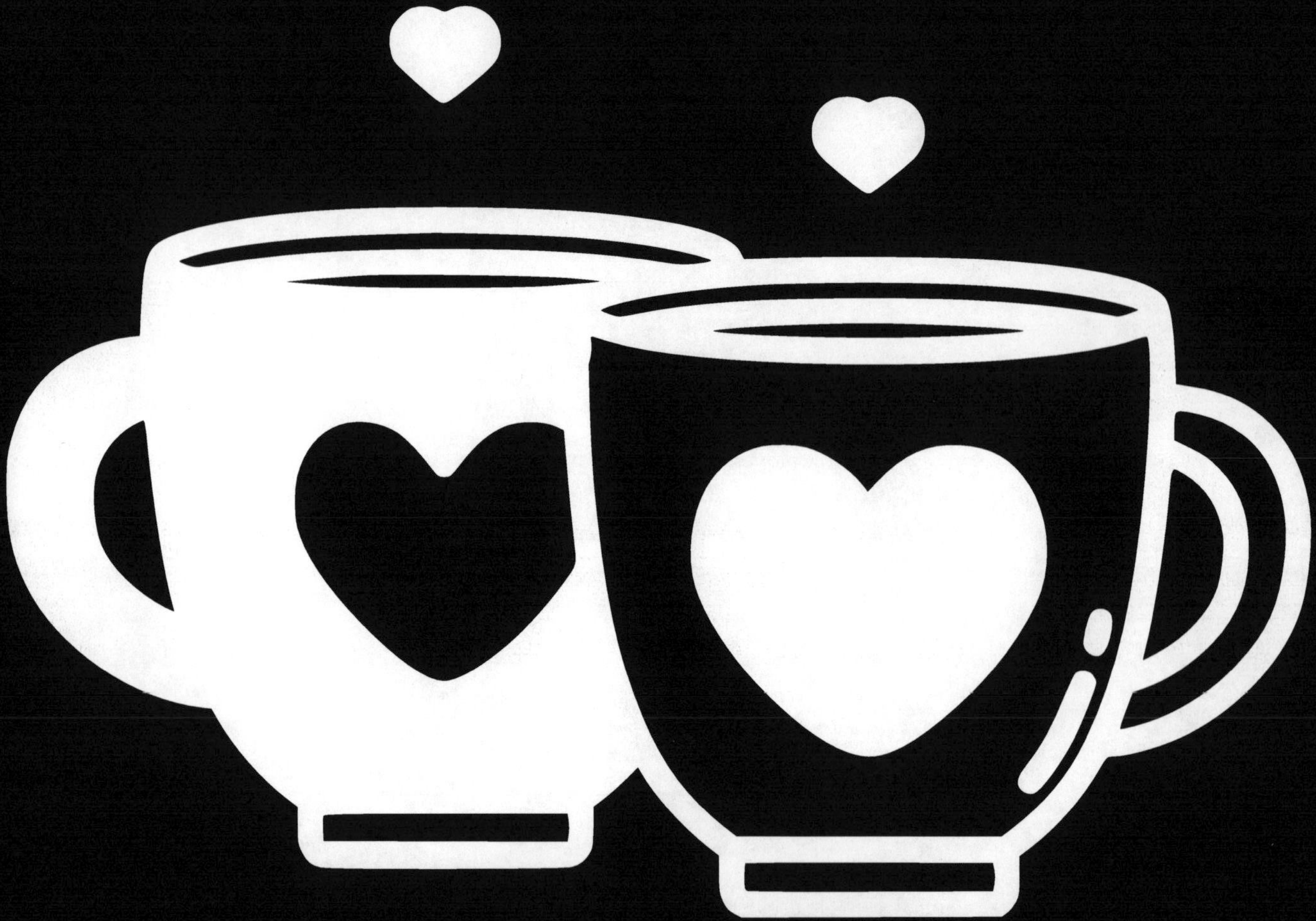

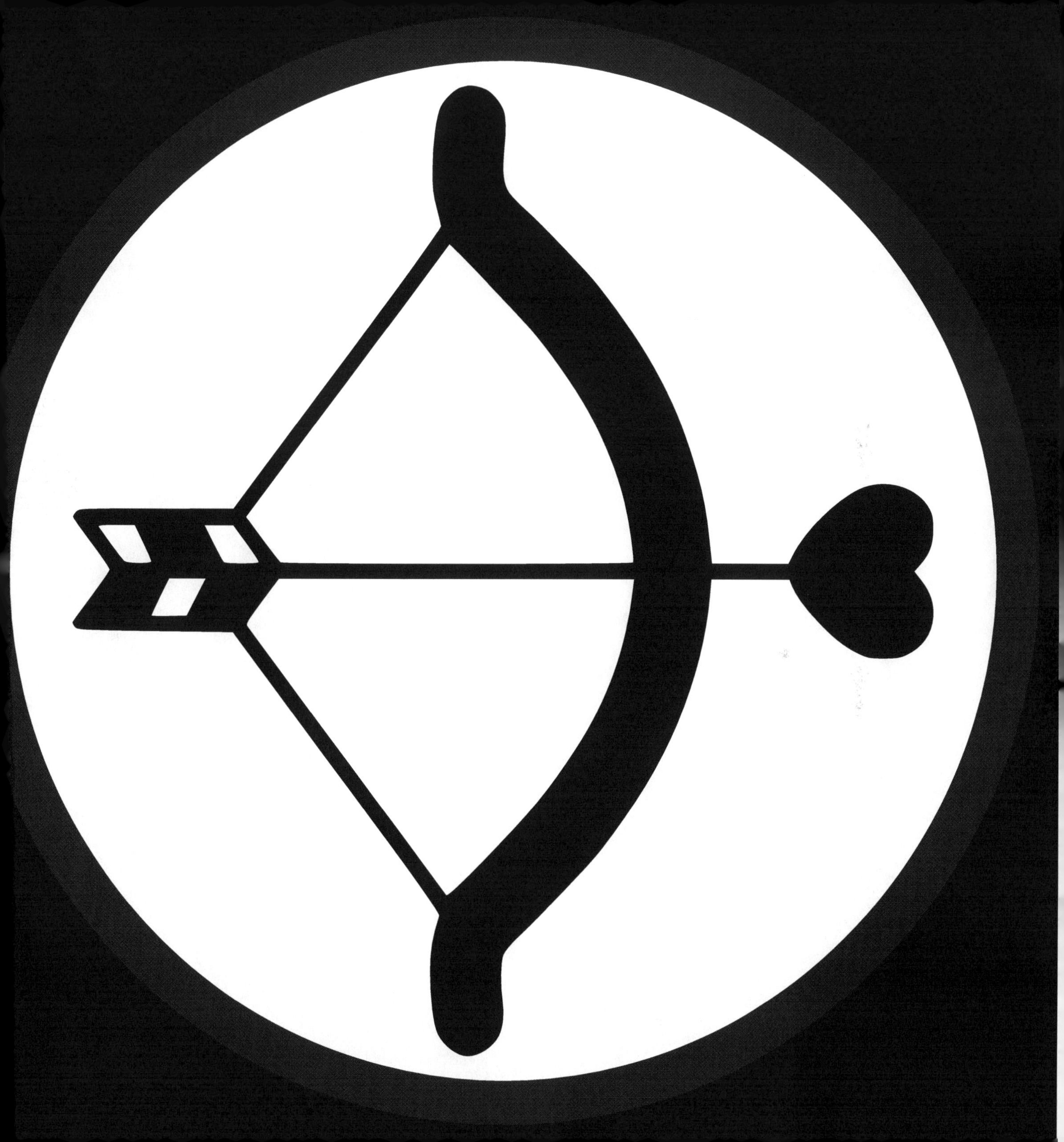

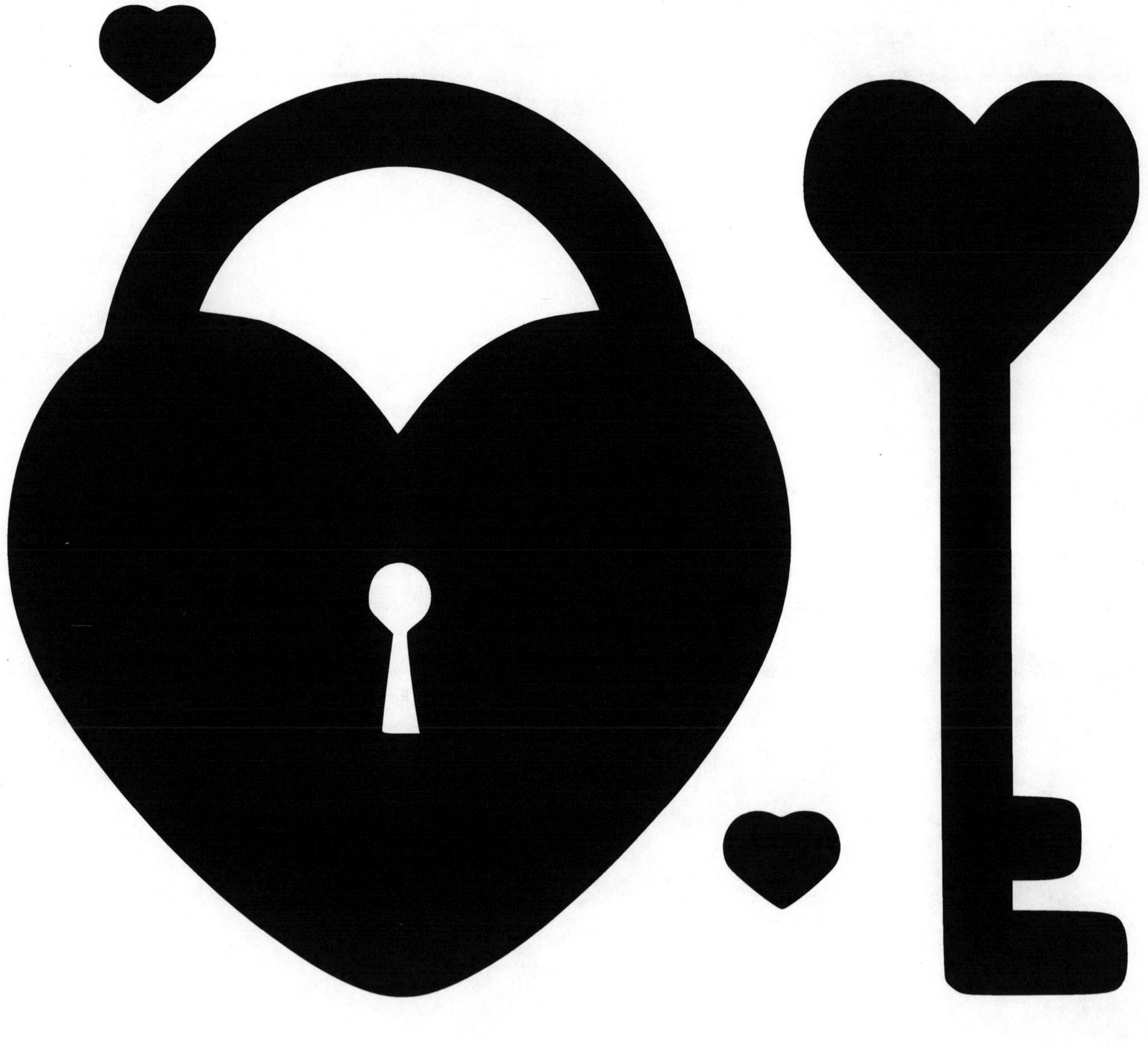

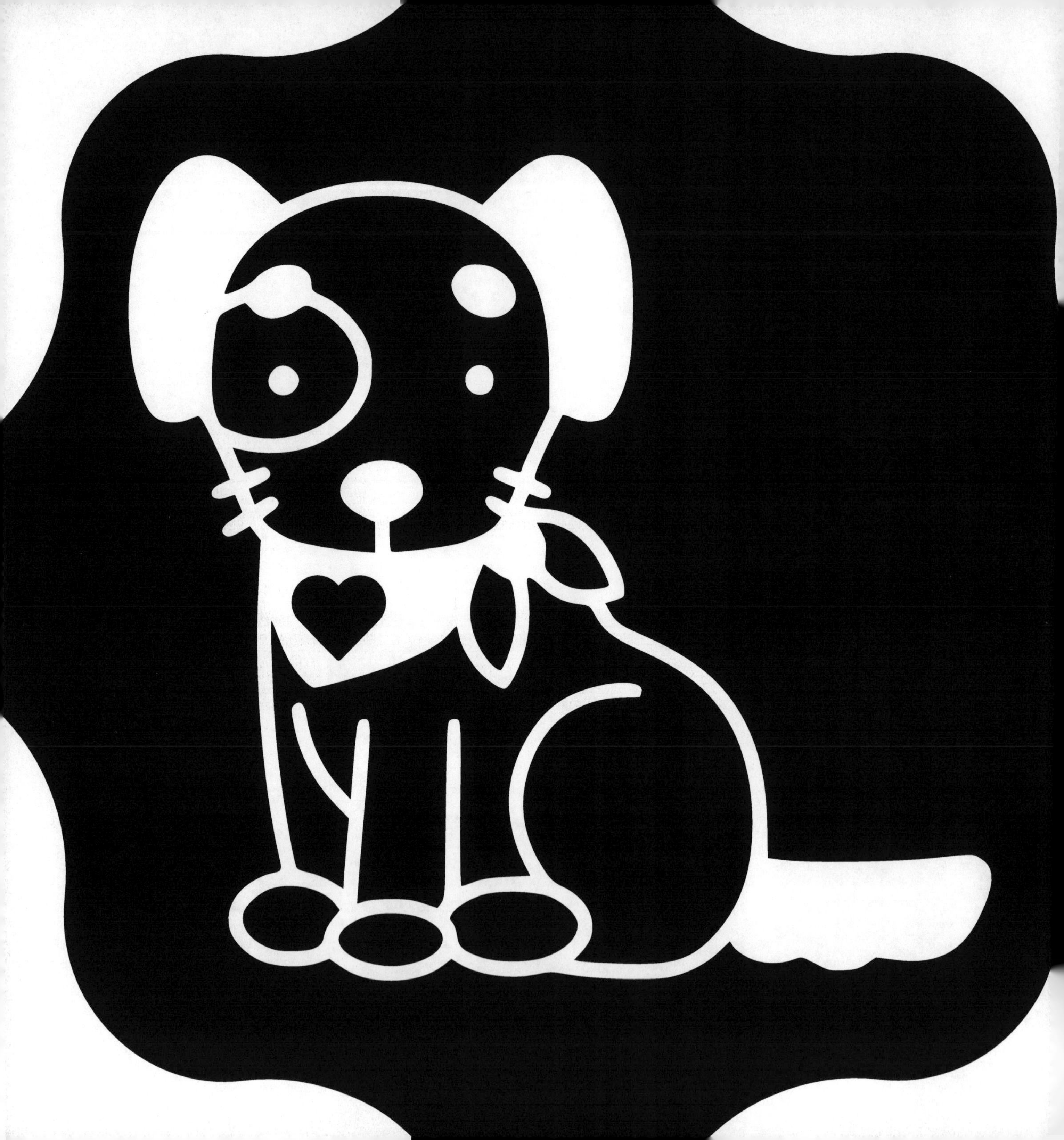

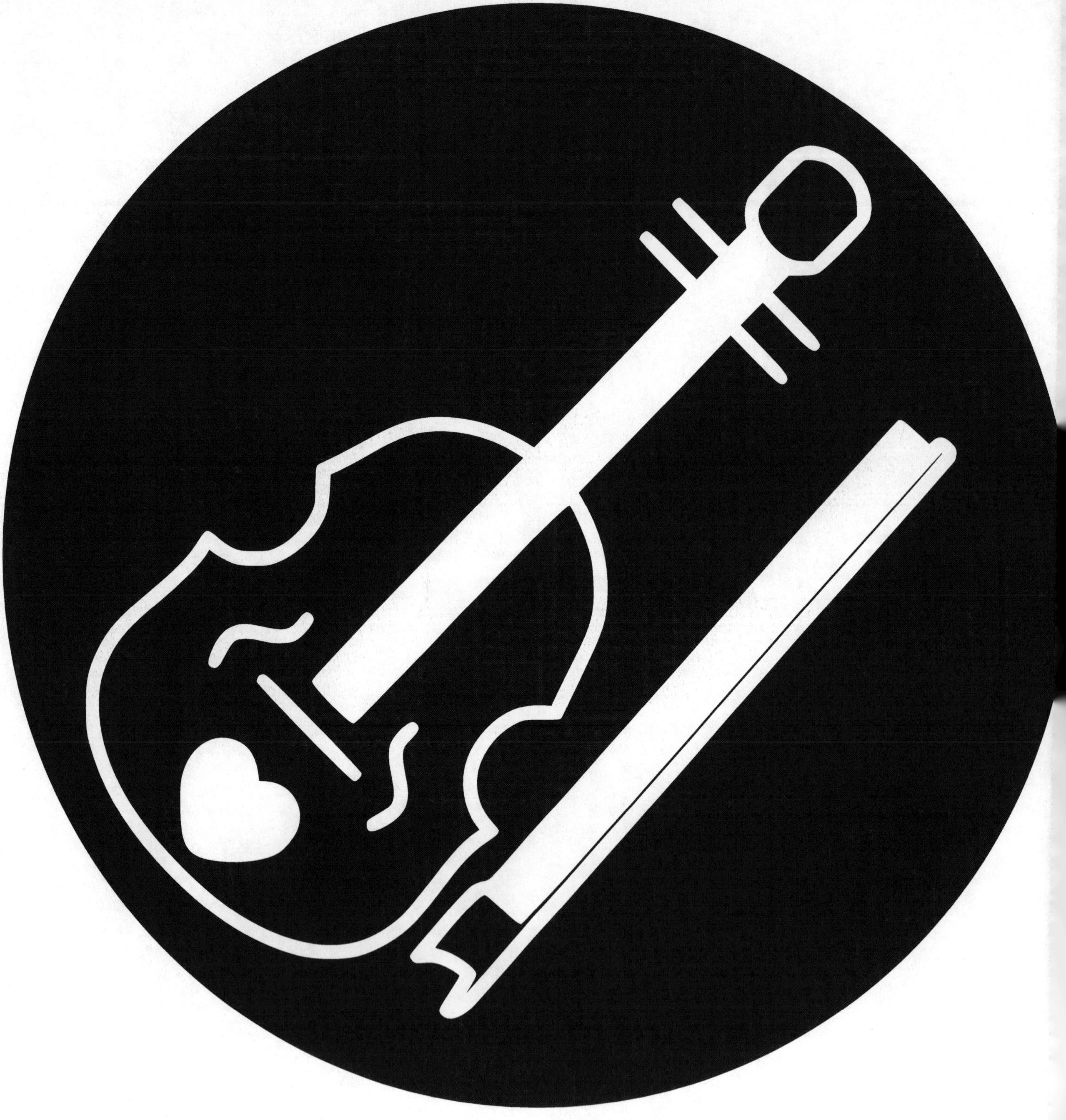

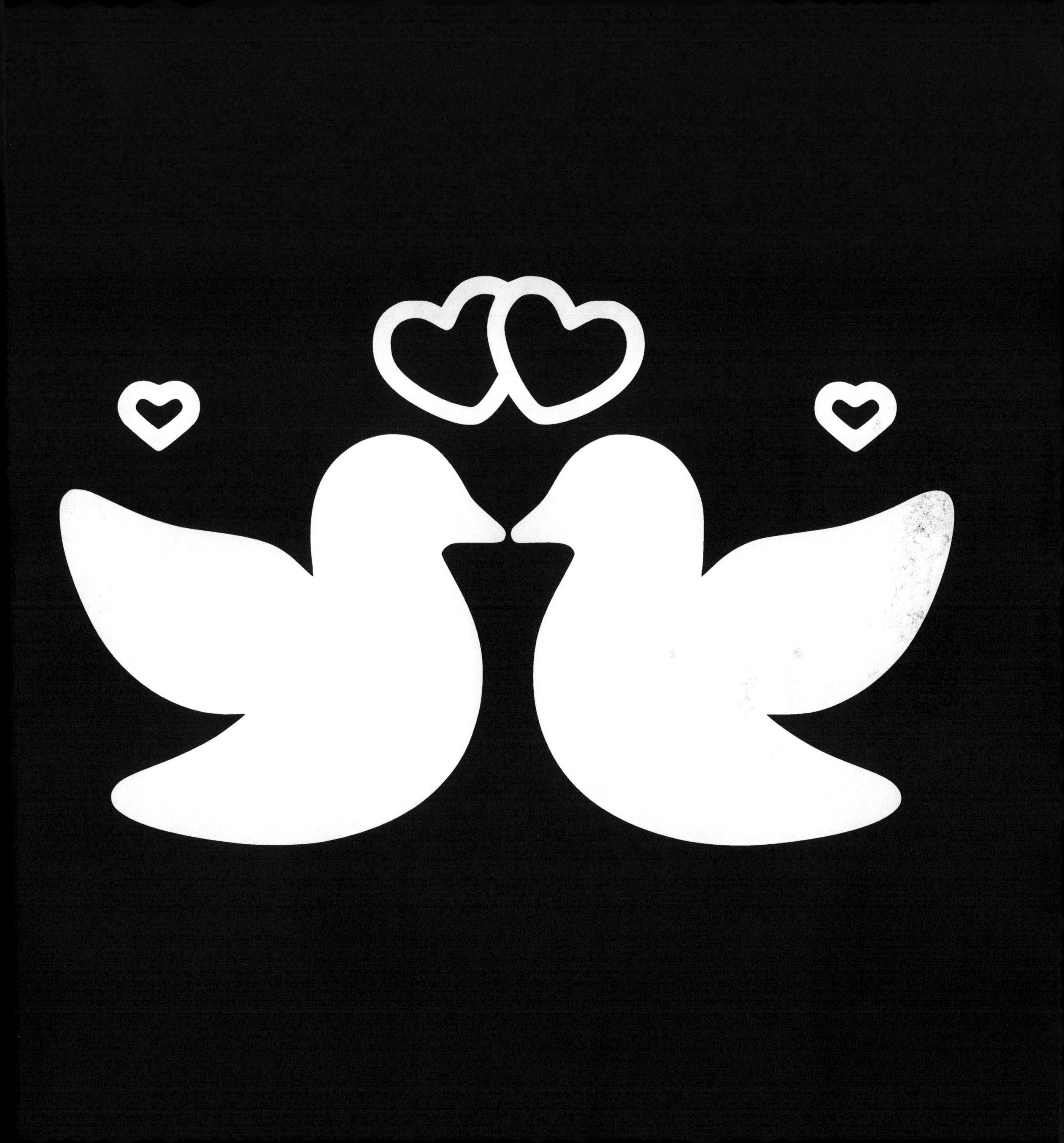

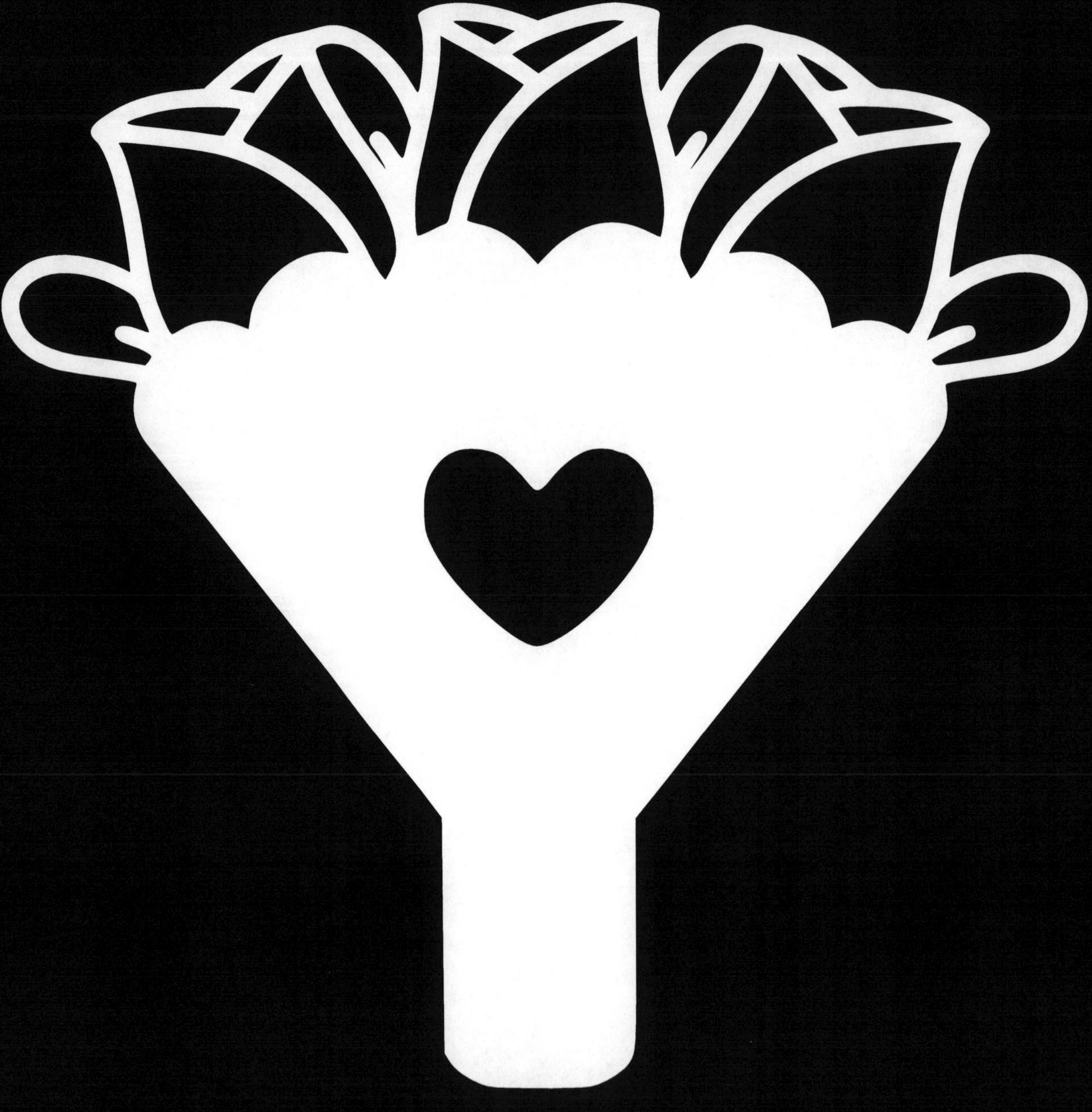

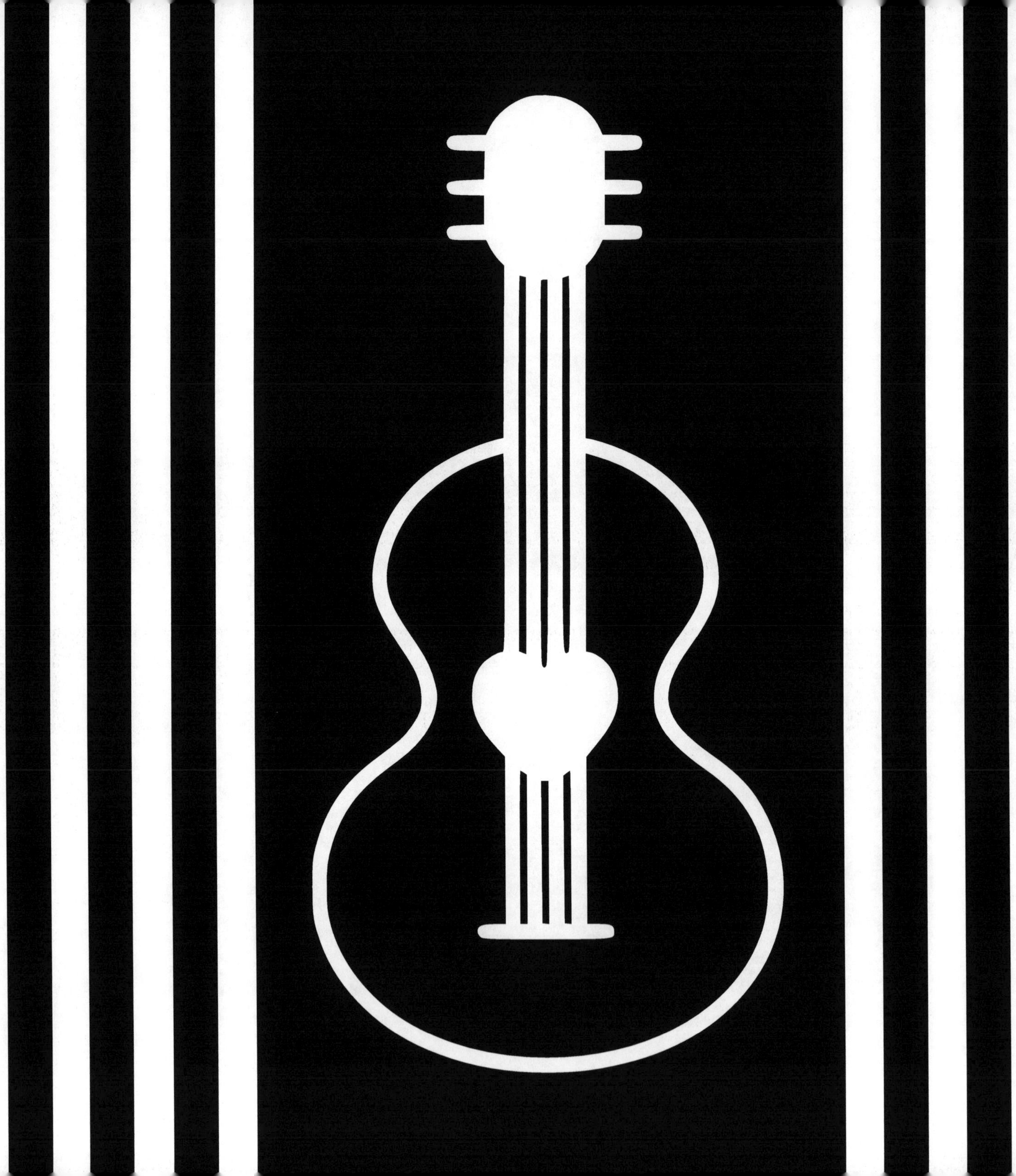

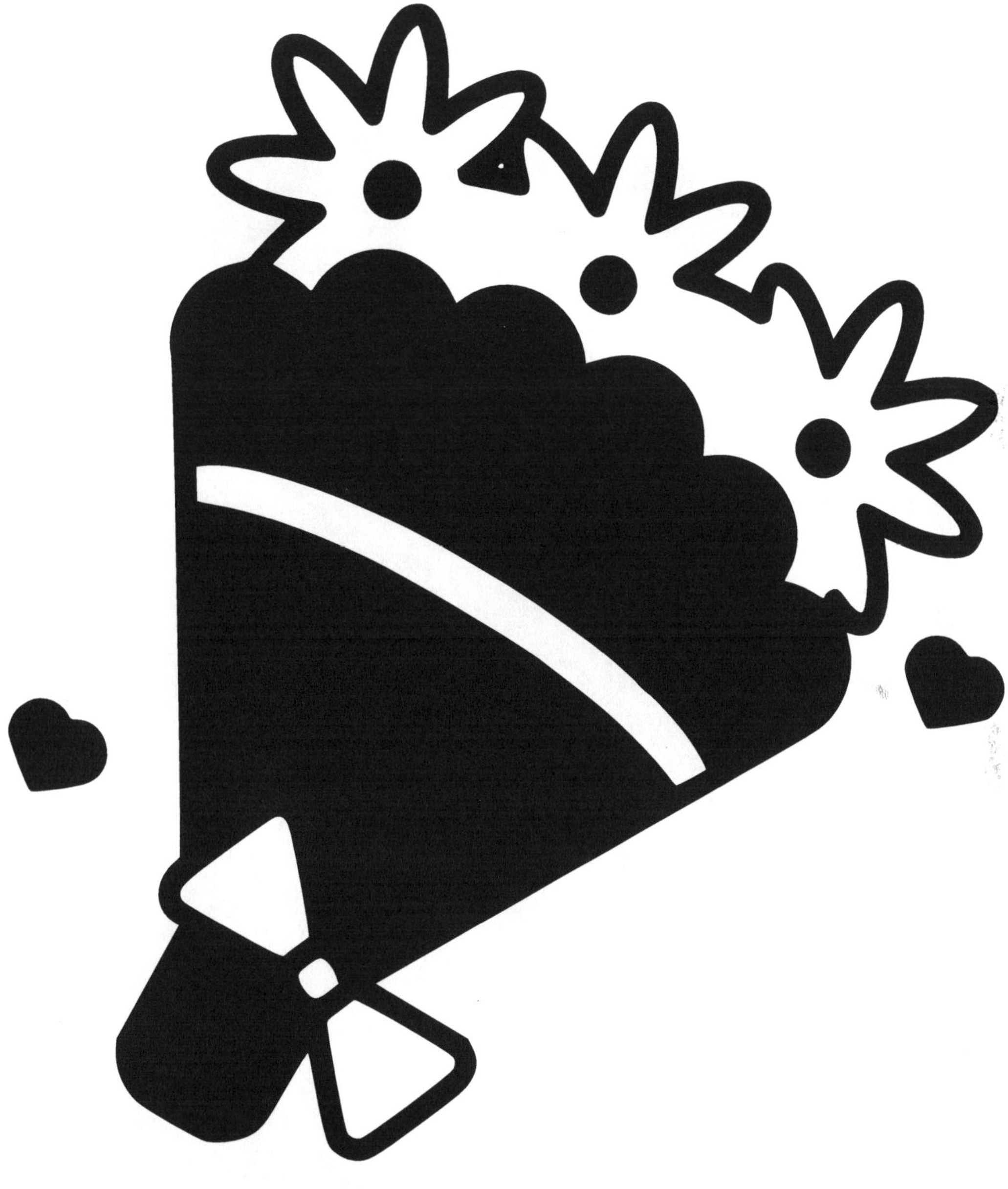

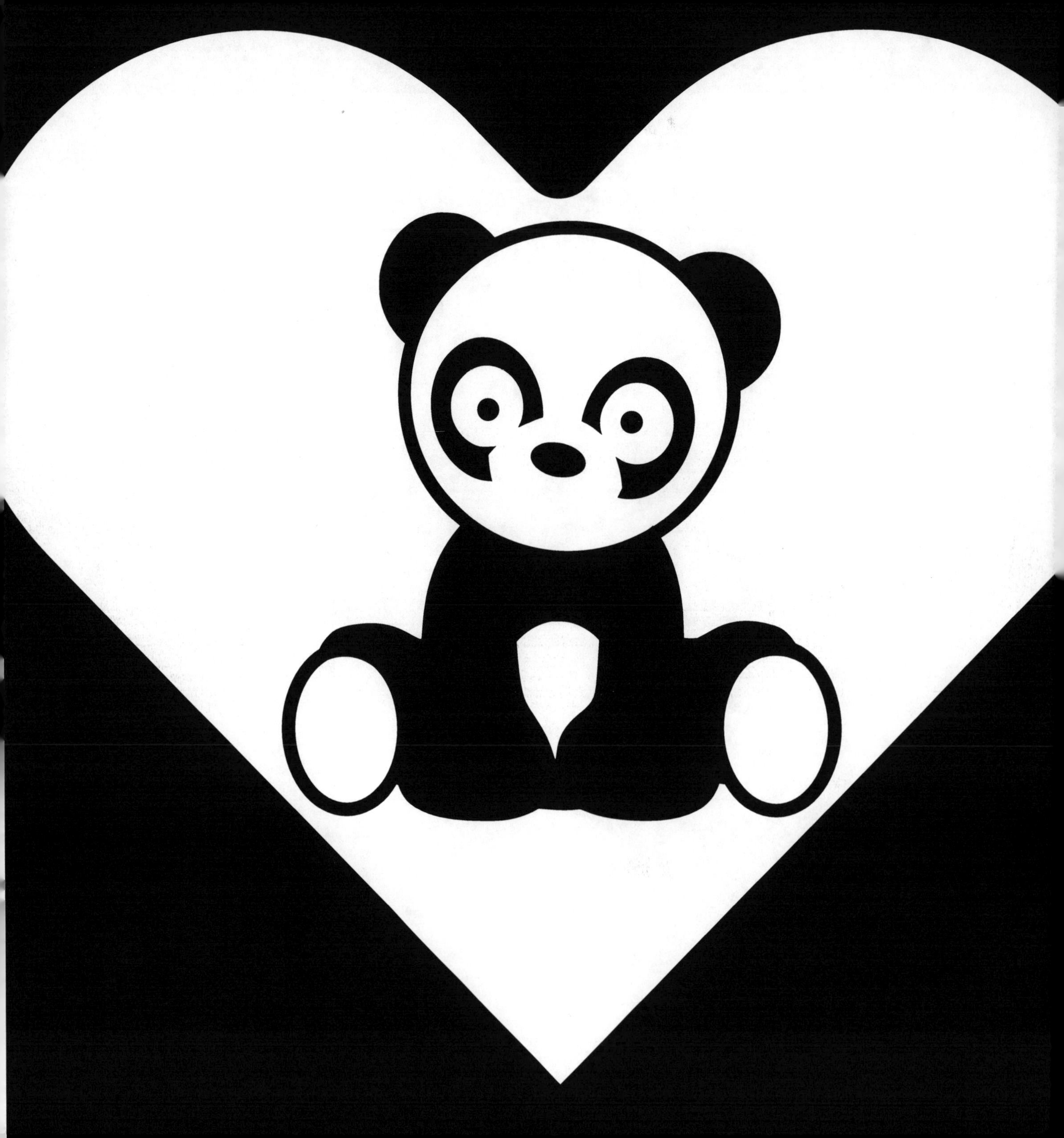

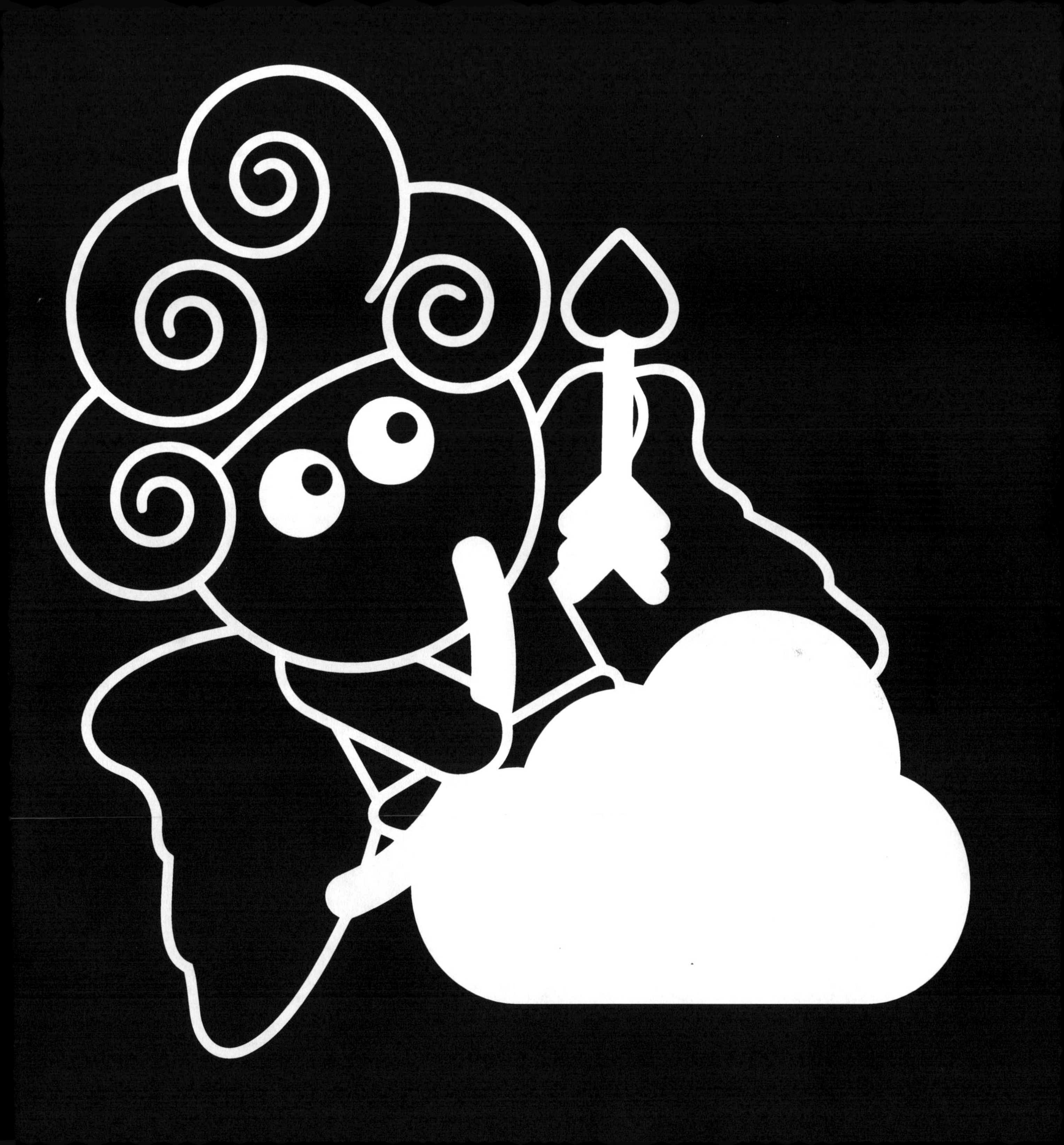

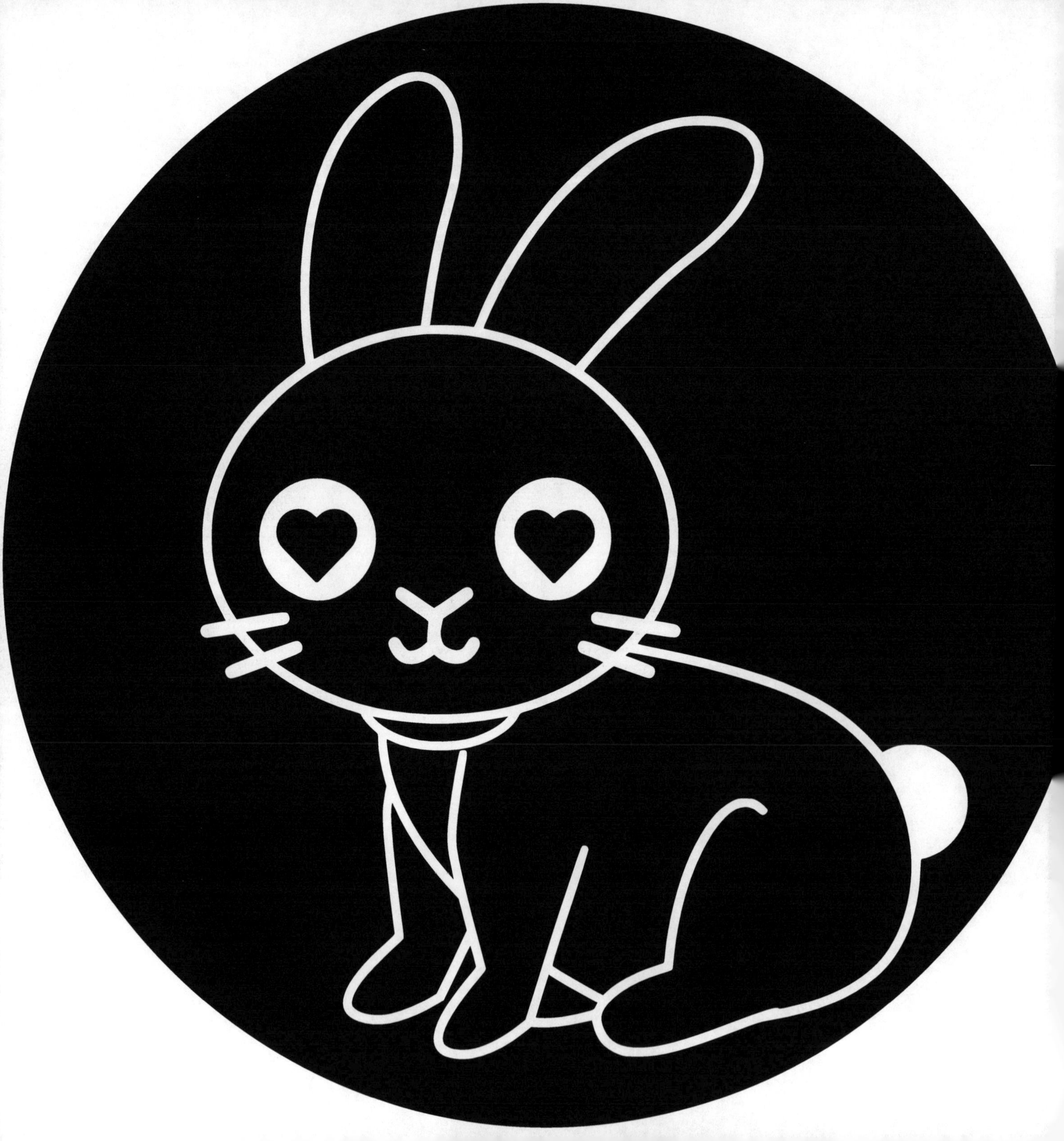

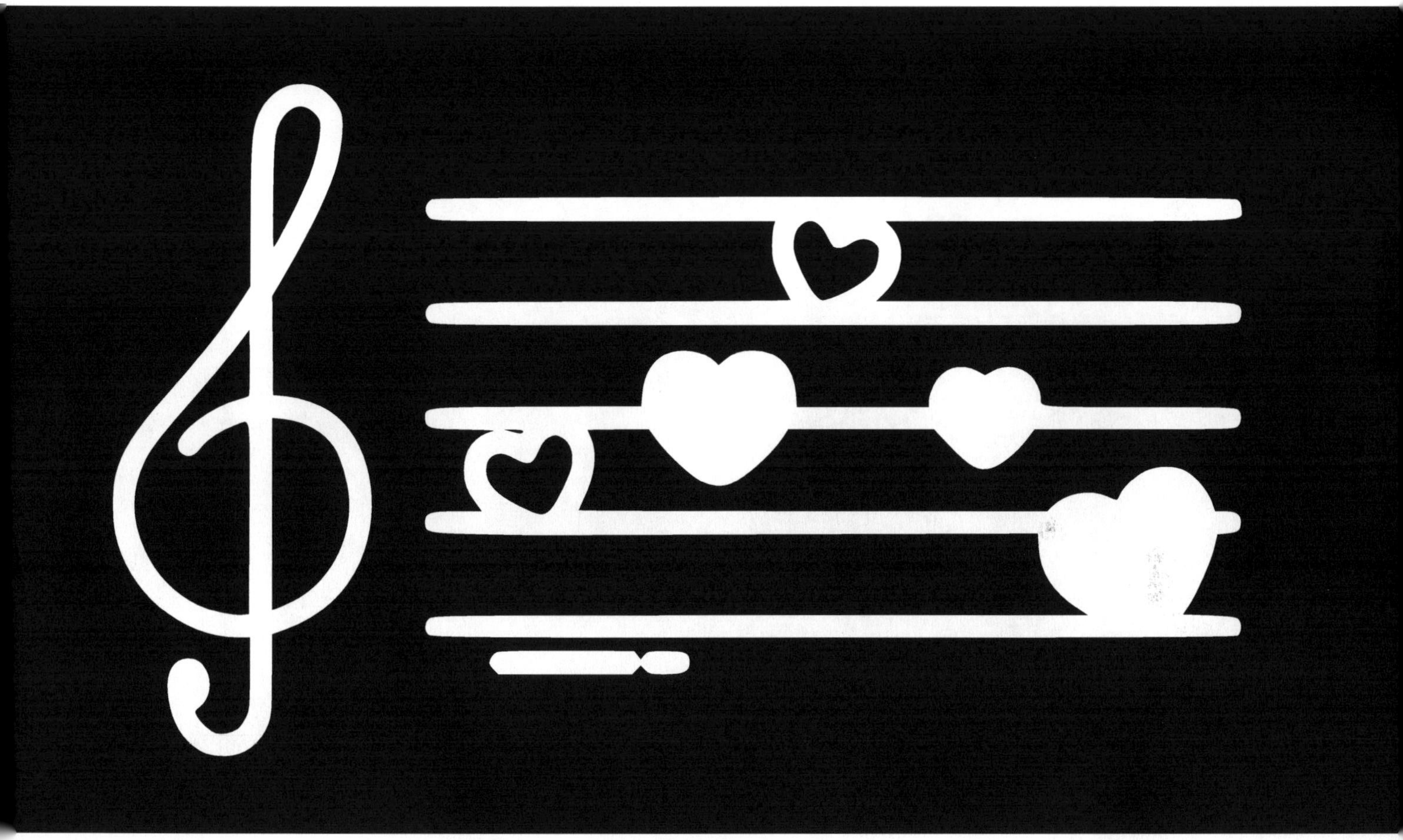

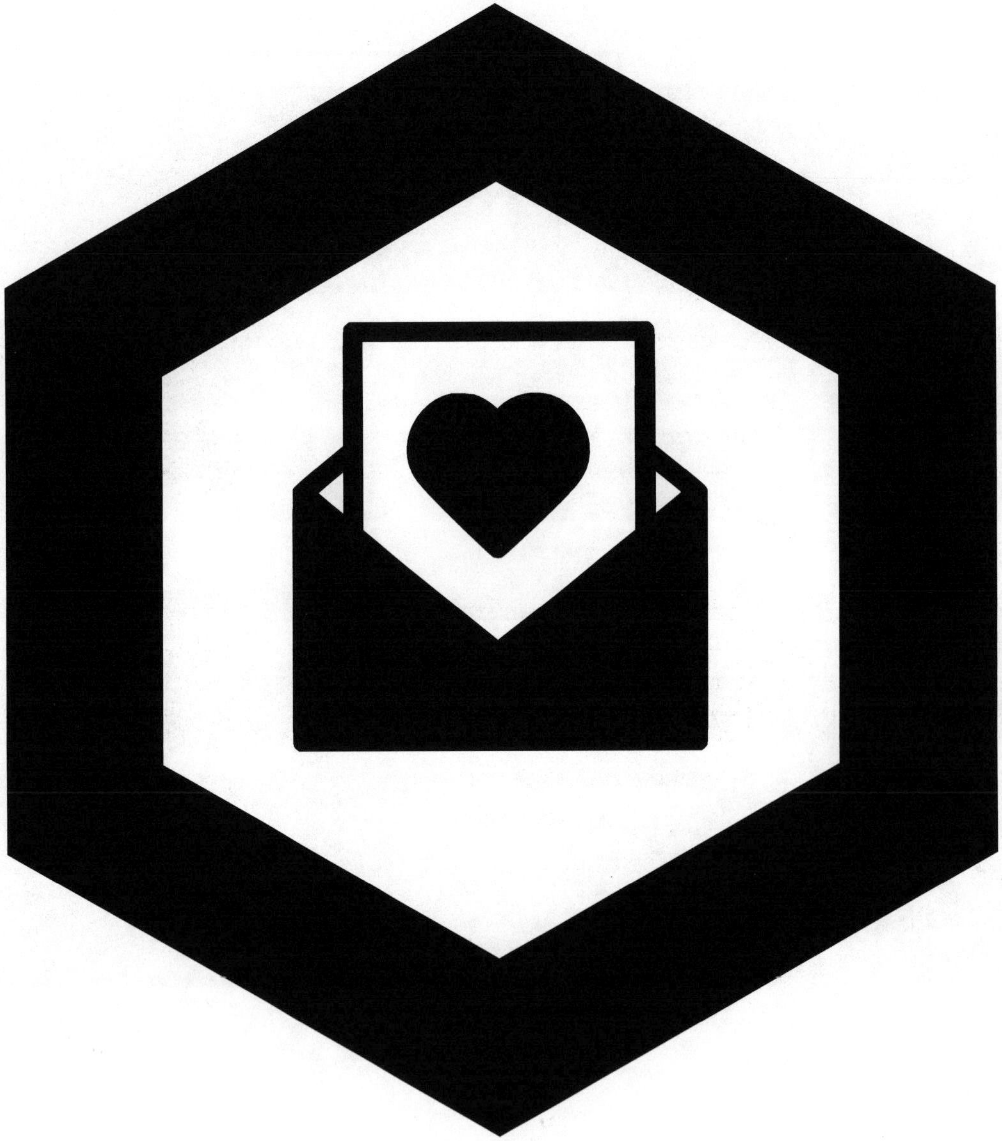

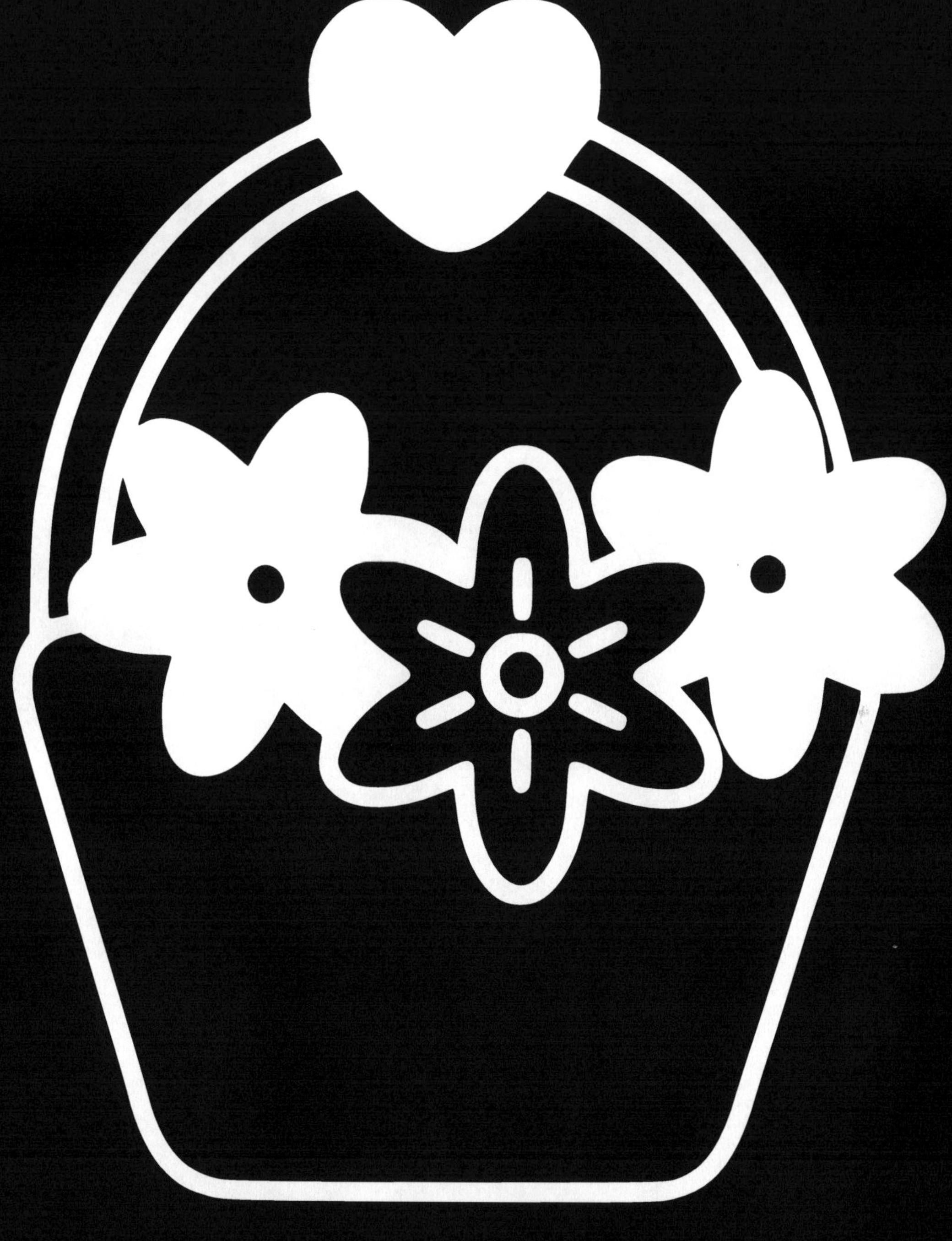

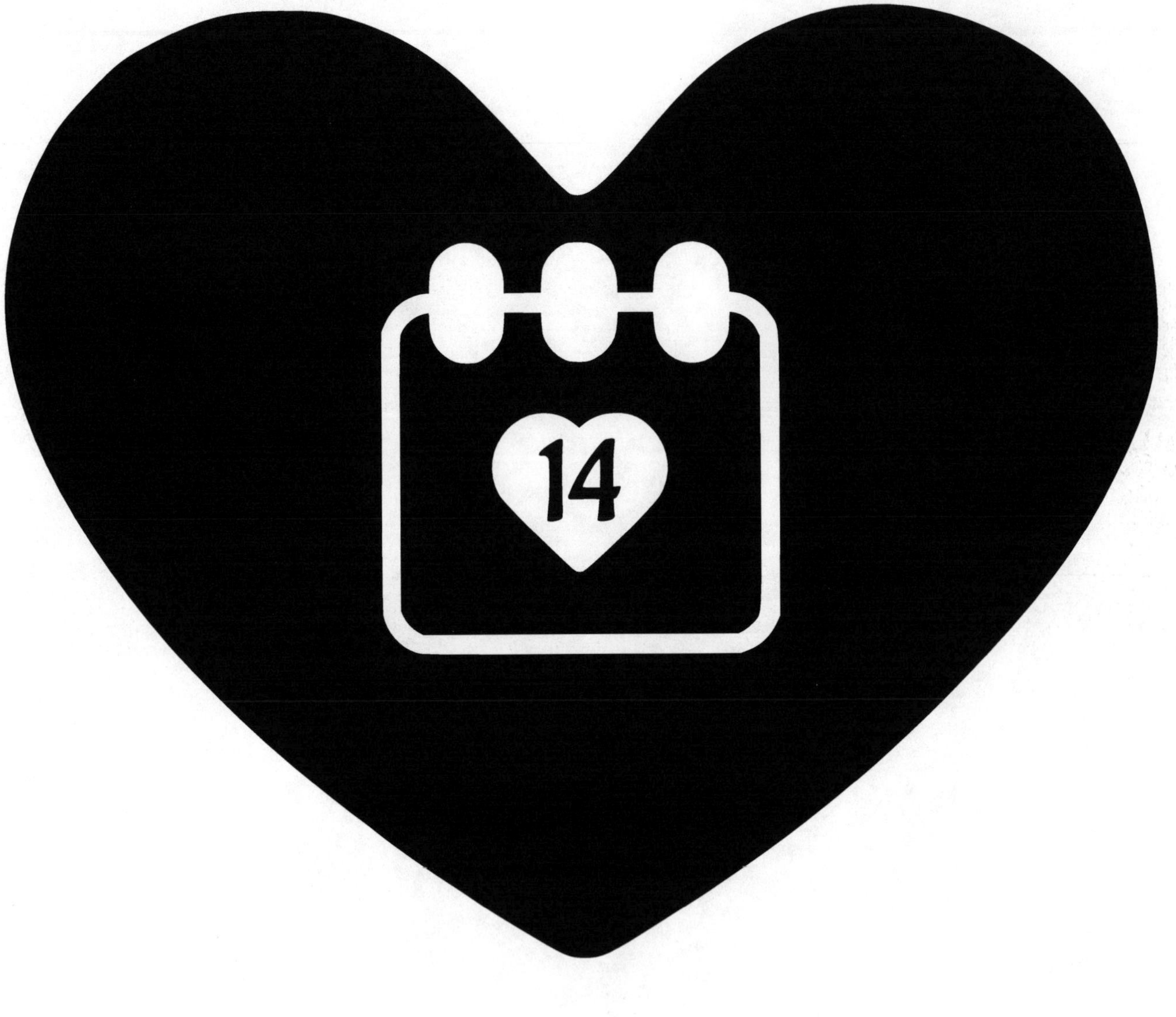
14

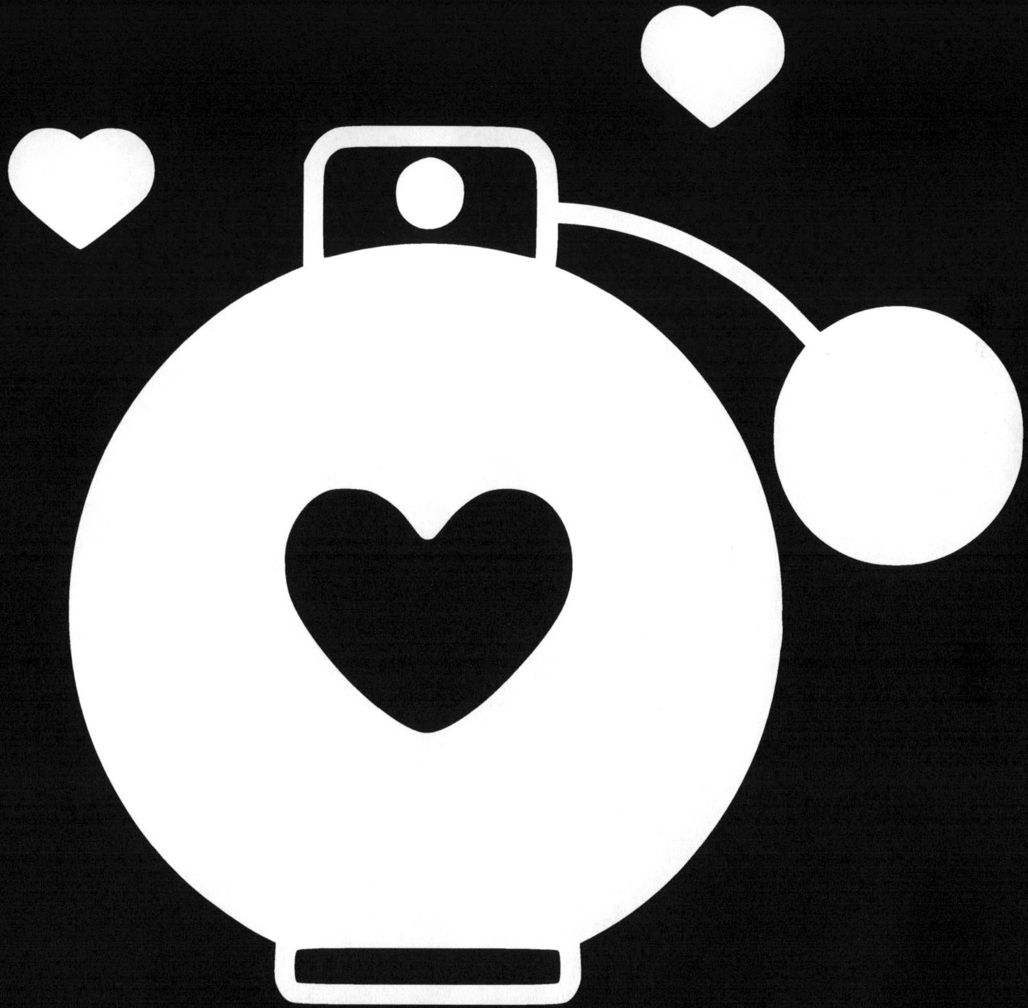

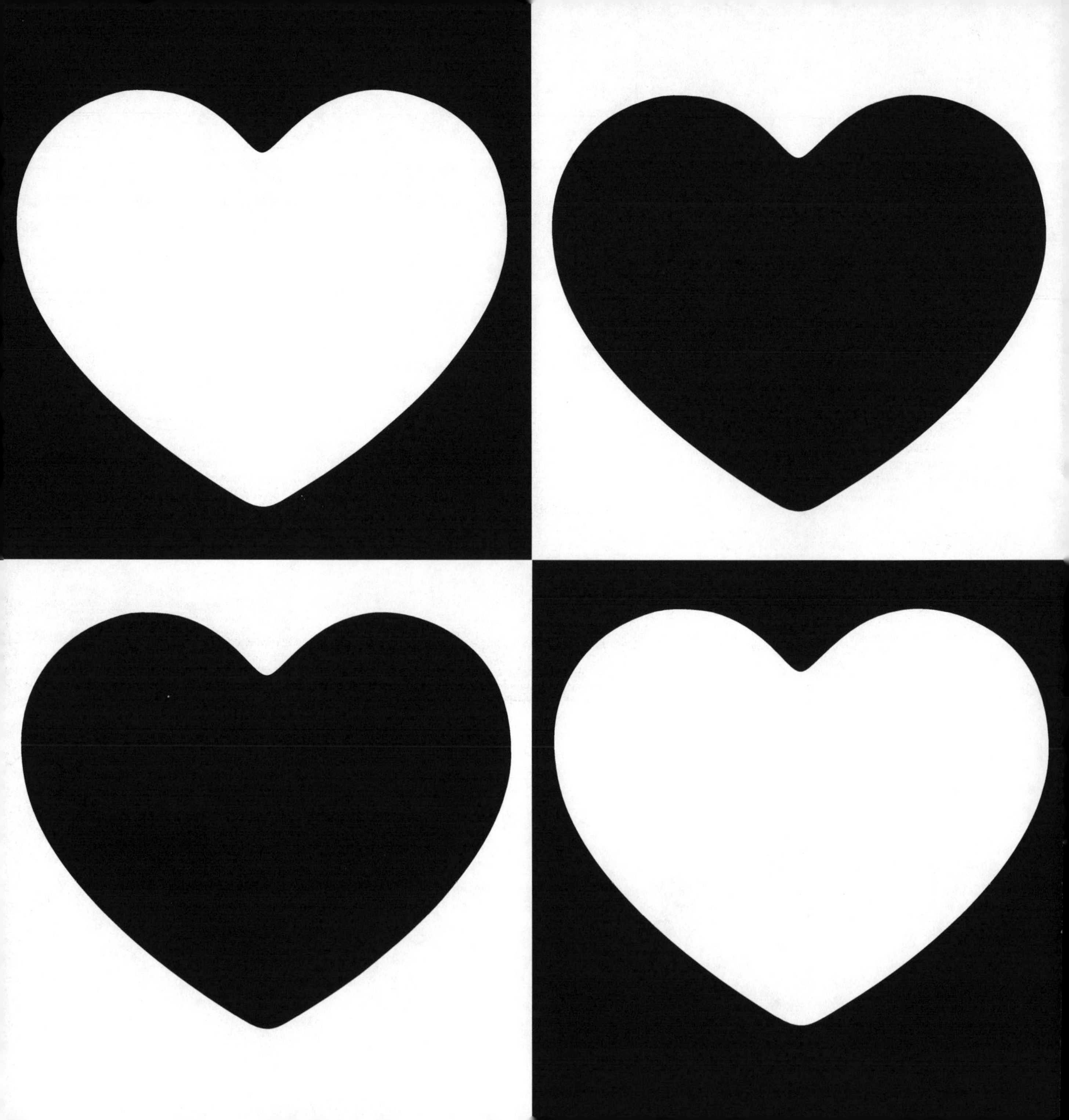

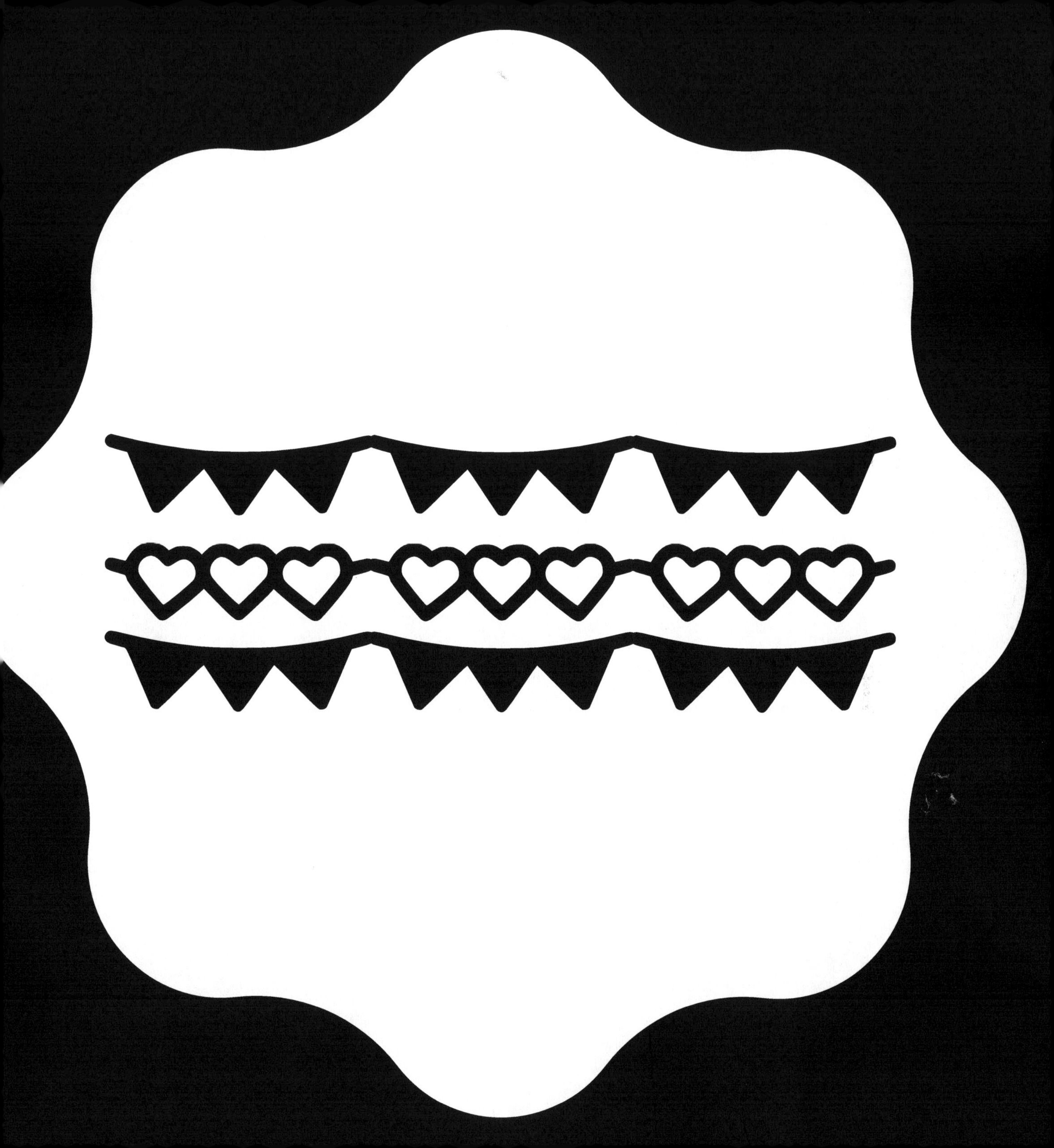

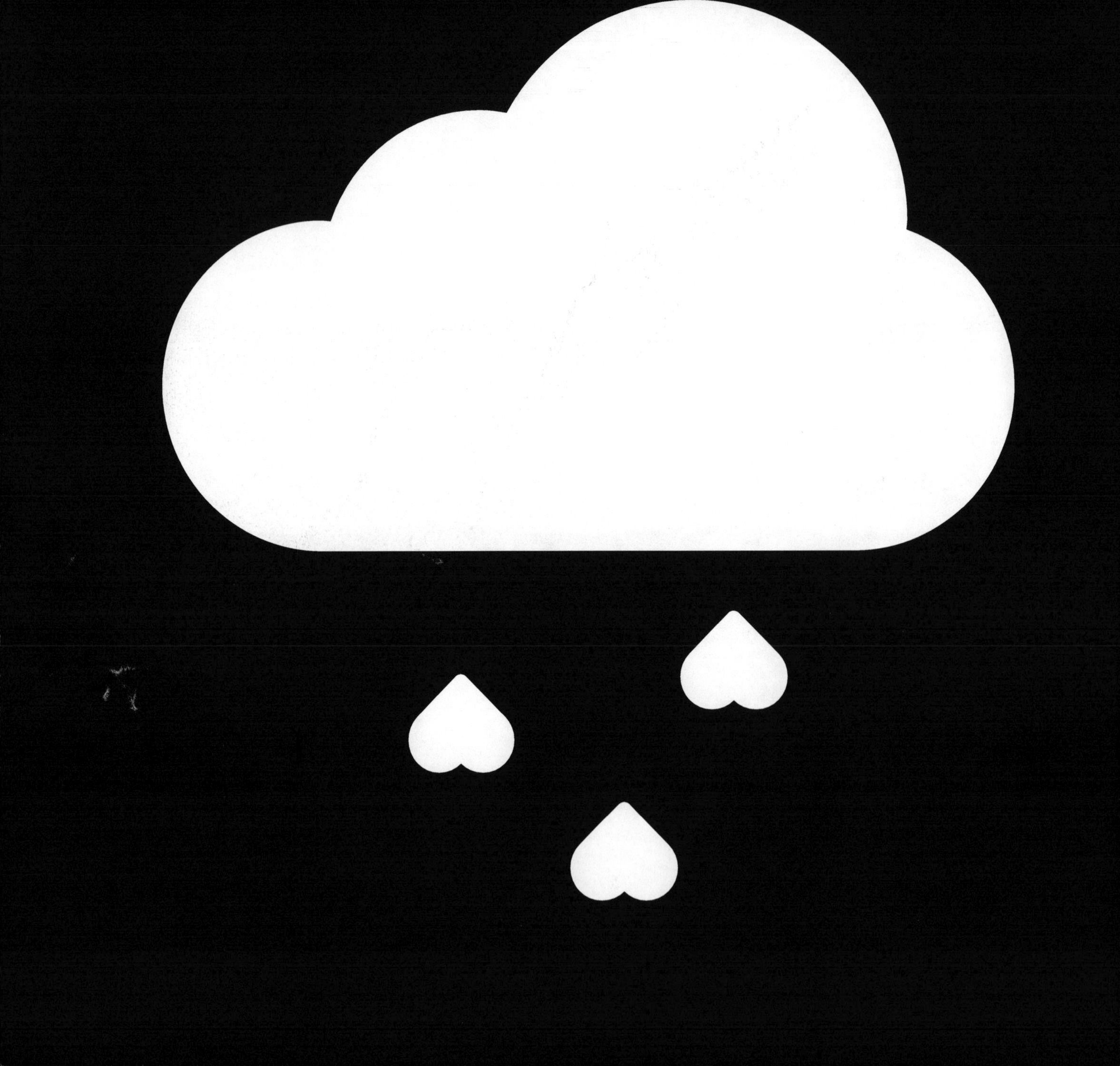

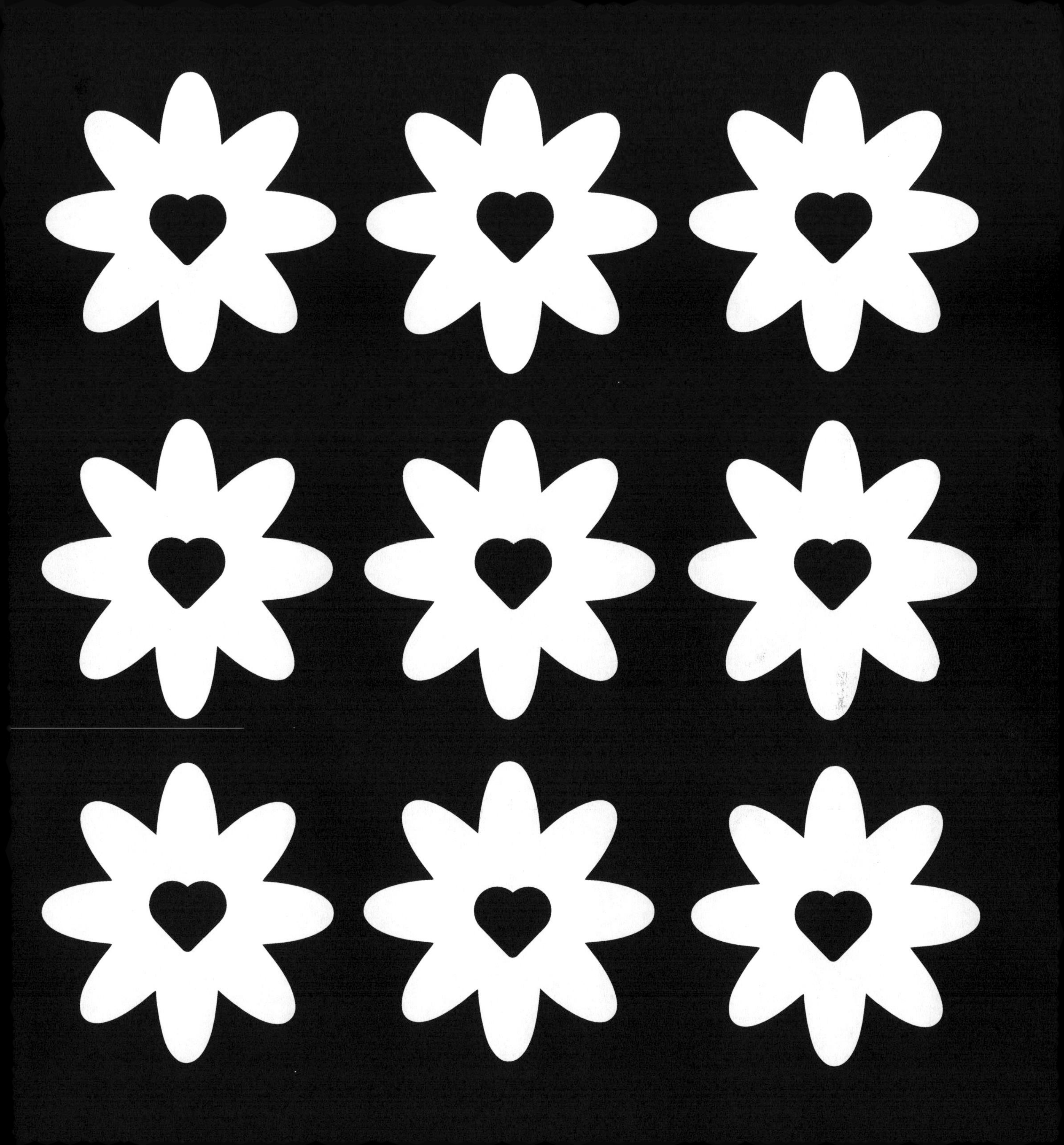

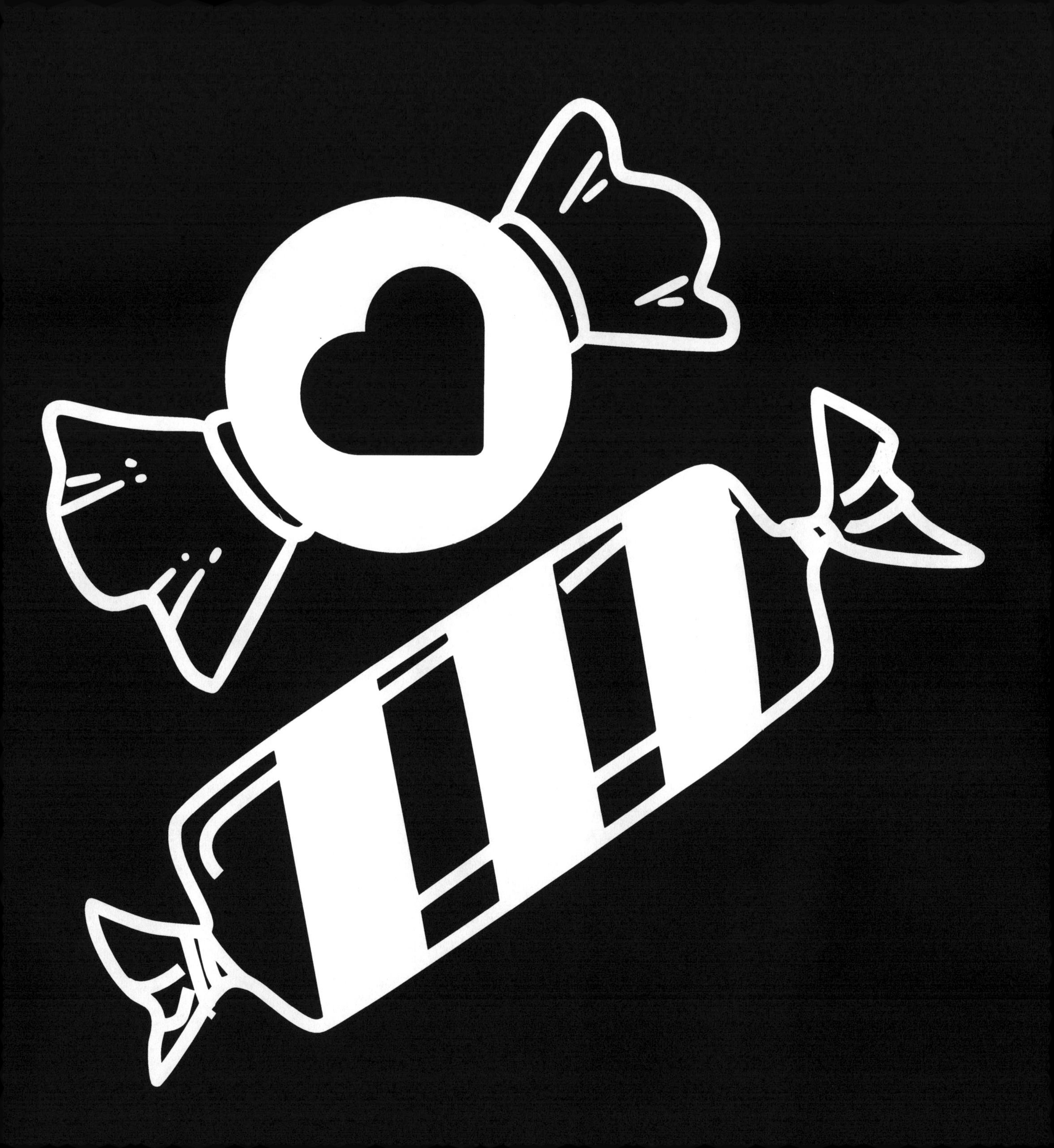

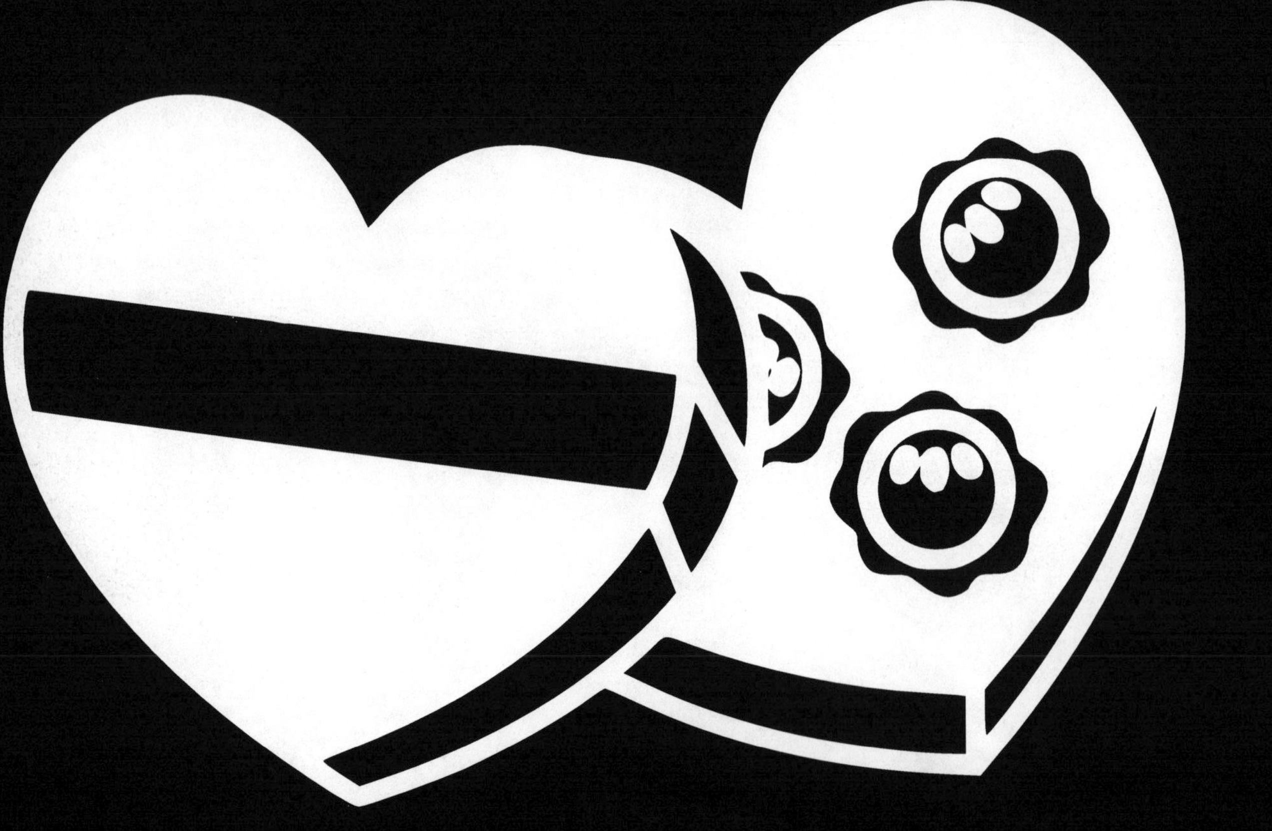

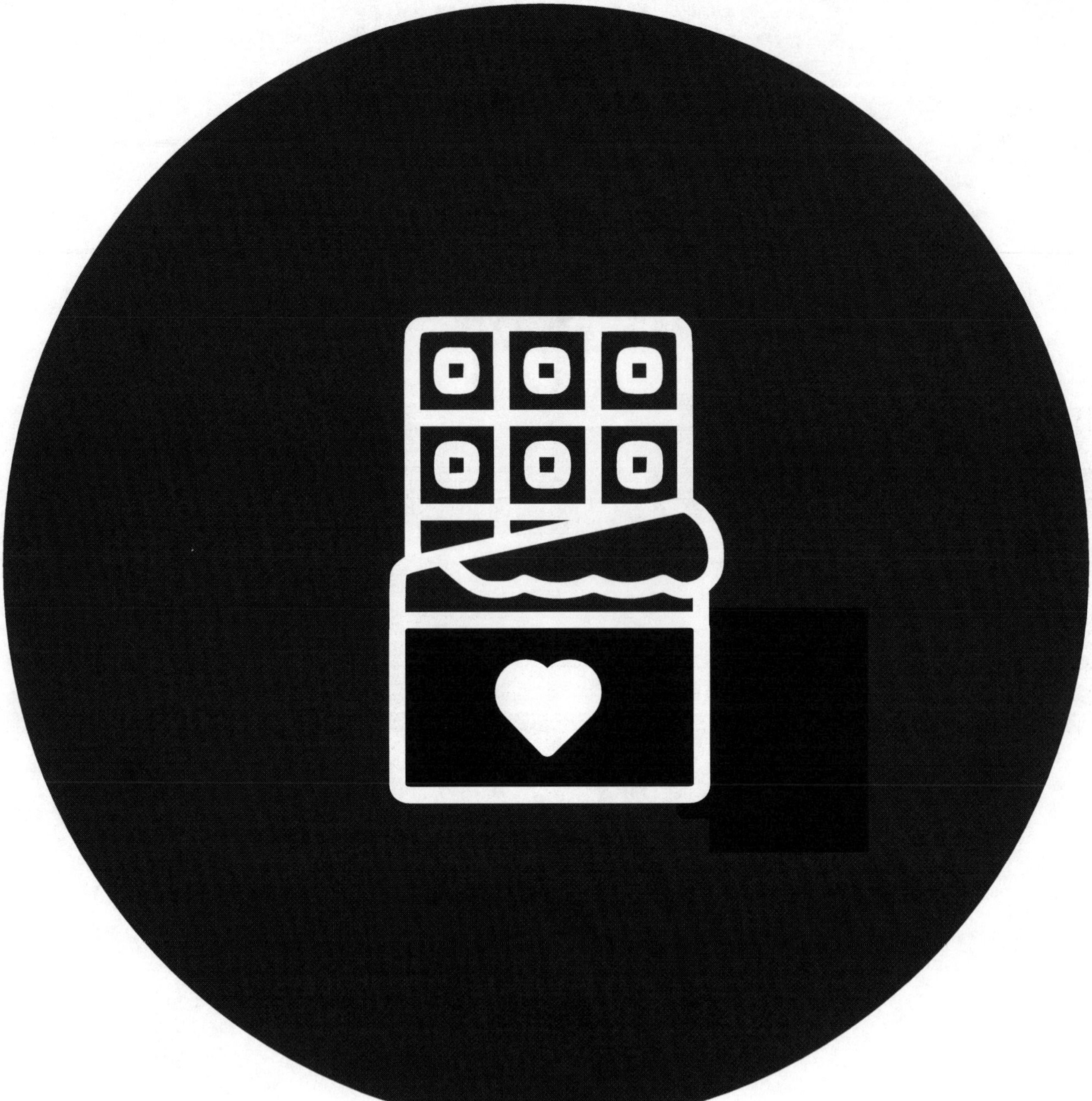

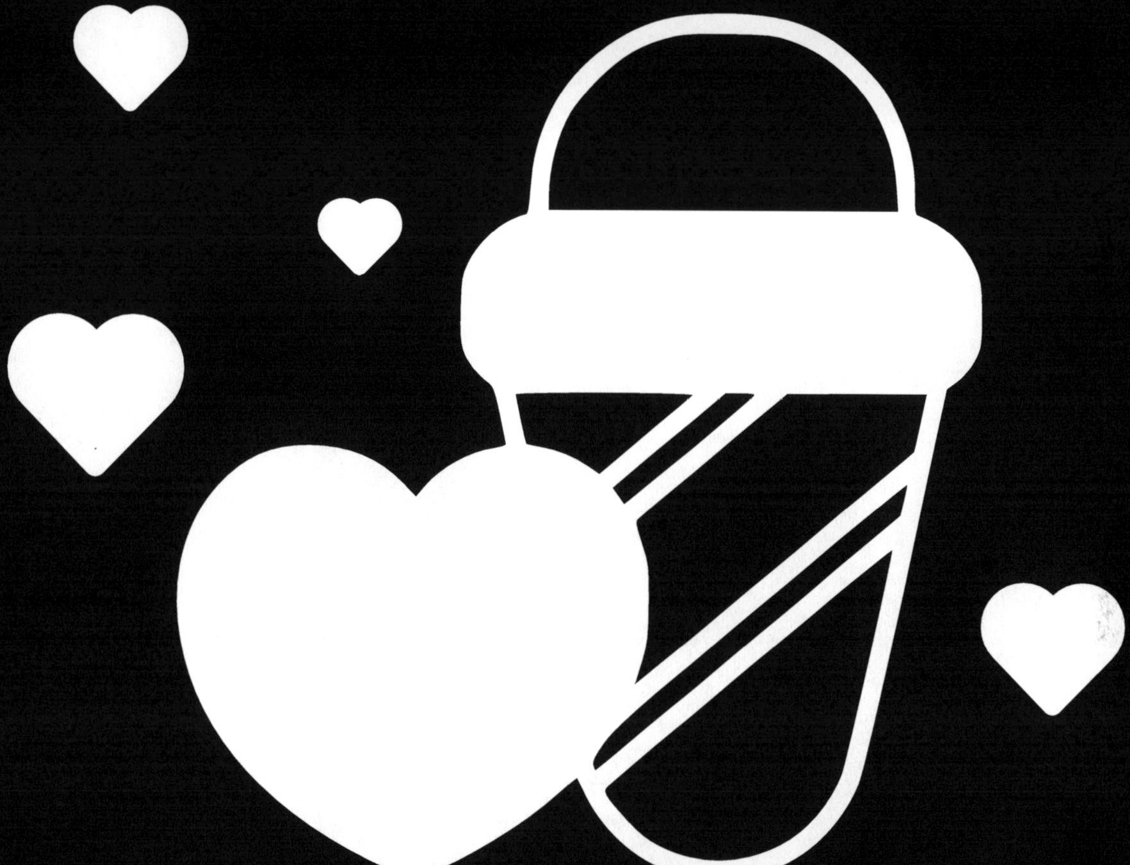

Made in the USA
Las Vegas, NV
10 February 2024

85562978R00024